Liens Internet

Il n'est pas nécessaire d'avoir un ordinateur pour utiliser ce livre, grâce auquel tu pourras te renseigner sur les baleines et les dauphins. Cependant, si tu as accès à Internet, tu peux en savoir plus en visitant les sites Web qui sont décrits tout le long. Pour cela, rends-toi sur notre site Quicklinks **www.usborne-quicklinks.com/fr** où tu trouveras un lien direct à chaque site. Tu pourras ainsi, par exemple :

• te documenter sur les différentes espèces,

• admirer de superbes photos,

• écouter différents chants de baleines,

• savoir comment on protège ces animaux.

La sécurité sur Internet

Lorsque tu utilises Internet, respecte bien les précautions suivantes :

• Demande la permission à tes parents avant de te connecter.

• Si tu écris un message sur le livre d'or ou la page messages d'un site Web, ne divulgue aucune information personnelle comme ton adresse, ton numéro de téléphone ou ton nom, et demande à un adulte si tu peux donner ton adresse électronique.

• Si un site te demande de t'inscrire avant de te connecter en tapant ton nom ou ton adresse électronique, demande d'abord la permission à un adulte.

• Si tu reçois un message électronique de provenance inconnue, parles-en à un adulte avant d'y répondre.

• N'accepte jamais de rencontrer une personne que tu ne connais que par Internet.

La disponibilité des sites

Parfois, un message apparaît à l'écran t'indiquant que le site recherché n'est pas disponible pour l'instant. Il se peut que ce soit une inaccessibilité provisoire et il suffit de réessayer un peu plus tard.

Si un site n'est plus accessible, nous le remplacerons, si possible, par un autre site. Tu trouveras la liste des sites mise à jour sur le site Quicklinks d'Usborne.

Les images téléchargeables

Certaines images du livre (indiquées avec le symbole ★) peuvent être téléchargées à partir de notre site Quicklinks pour ton usage personnel. Tu peux les utiliser, par exemple, dans le cadre d'un projet scolaire. Attention, ces images ne doivent pas être utilisées dans un but commercial.

Notes pour les parents

Tous les sites Web proposés dans ce livre sont régulièrement vérifiés et les liens mis à jour. Un site peut cependant changer à tout moment et les éditions Usborne ne sauraient être tenues responsables du contenu de sites Web autres que le leur.

Nous recommandons aux adultes d'encadrer les enfants lorsqu'ils consultent Internet, de leur interdire l'accès aux chat rooms (salles de discussion) et d'utiliser un système de filtrage afin de bloquer l'accès à tout matériel indésirable. Les enfants doivent lire les ins-tructions de sécurité ci-contre. Pour plus de détails, voir **Besoin d'aide ?** sur **Quicklinks**.

IL N'EST PAS OBLIGATOIRE
D'AVOIR UN ORDINATEUR

Tel quel, cet ouvrage de référence est complet et ne nécessite aucun auxiliaire.

Baleines et dauphins

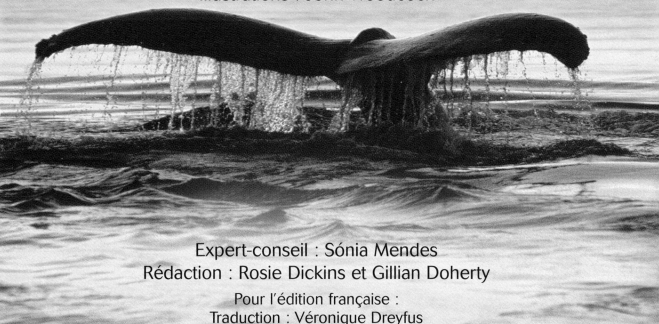

Susanna Davidson

Maquette : Nelupa Hussain
et Catherine-Anne MacKinnon

avec la collaboration de Neil Francis
Illustrations : John Woodcock

Expert-conseil : Sónia Mendes
Rédaction : Rosie Dickins et Gillian Doherty

Pour l'édition française :
Traduction : Véronique Dreyfus
Rédaction : Renée Chaspoul et Nick Stellmacher

Sommaire

Liens Internet

Tout le long de ce livre, des encadrés conseillent différents sites consacrés aux baleines et aux dauphins. Tu peux y accéder à partir de notre site **www.usborne-quicklinks.com/fr** et ainsi approfondir tes recherches sur ces mammifères marins.

 Ce symbole, placé à côté d'une illustration, signale que tu peux télécharger l'image à partir de **www.usborne-quicklinks.com/fr**. Reporte-toi à la deuxième de couverture et à la page 46 pour savoir comment procéder.

Première de couverture : deux grands dauphins bondissent hors de l'eau.
Page de titre : queue de mégaptère
Ci-contre : grands dauphins

Mammifères marins

Les baleines comptent parmi les animaux marins les plus grands et les plus intelligents. On pense en général que les dauphins sont des espèces différentes, mais ils appartiennent au même groupe, l'ordre des cétacés. Ces mammifères peuplent tous les océans et mers de la Terre et certains dauphins vivent en rivière.

Les grands dauphins sont très joueurs. On les voit souvent sauter hors de l'eau et faire des sauts périlleux comme sur cette photo.

Affaires de famille

Les spécialistes répartissent les différentes espèces de cétacés en deux sous-ordres : les cétacés à fanons (mysticètes) et les cétacés à dents (odontocètes). Ces sous-ordres sont eux-mêmes divisés en familles regroupant les espèces aux caractères suffisamment proches.

Les mammifères

Les cétacés ressemblent aux requins et autres poissons, mais ce sont en fait de proches parents de l'homme, appartenant comme lui à la classe des mammifères. Comme tout mammifère, un cétacé ne peut pas respirer sous l'eau et doit remonter à la surface.

Principales familles de cétacés à dents et de cétacés à fanons

Cétacés à dents

Famille des cachalots

Famille des baleines à bec

Famille des dauphins

Famille des narvals et des bélougas

Familles des marsouins

Famille des dauphins d'eau douce ★

Cétacés à fanons

Famille des rorquals

Famille des baleines grises

Famille des baleines franches

Famille des baleines franches pygmées

Records de taille

Le record de taille est détenu par la baleine bleue, qui atteint parfois la longueur de 3 autobus et le poids de 25 éléphants. Toutefois, les cétacés ne sont pas tous aussi grands. La famille des marsouins compte certaines des plus petites espèces, souvent plus petites qu'un homme.

Forme hydrodynamique

Avec leur forme effilée et hydrodynamique, tous les cétacés se déplacent dans l'eau avec beaucoup d'aisance. Les espèces ne se ressemblent pourtant pas forcément. La peau des cachalots, par exemple, est sombre et ridée, alors que celle des bélougas est blanche et lisse.

Le cachalot est l'animal dont la tête est la plus grande.

Un animal doué de raison

Beaucoup de gens sont attirés par les dauphins, car ils semblent très intelligents. Ils possèdent en effet un grand cerveau par rapport à leur taille et ont une certaine faculté à résoudre des problèmes. Il y en a même qui pensent qu'ils possèdent une forme de langage.

La morphologie des cétacés ....

Il existe environ 80 espèces de cétacés. Bien qu'ils soient tous de taille et de forme différentes, ils partagent néanmoins quelques caractères importants qui leur permettent de se déplacer sous l'eau.

L'organe auditif est situé derrière les yeux.

Museau

Les mégaptères, comme celui de la photo, vivent dans les océans du monde entier. Les légendes ci-contre signalent les caractères communs à la plupart des autres espèces.

Chaleur animale

La déperdition de chaleur d'un organisme est bien plus importante dans l'eau que dans l'air. Pour y faire face, les cétacés ont sous la peau une épaisse couche de graisse, couche d'autant plus épaisse que l'espèce vit dans une mer froide.

Dents et fanons

Certaines espèces de cétacés à dents n'ont que très peu de dents, alors que d'autres en possèdent 260. En guise de dents, les baleines à fanons ont des fanons, des lames cornées suspendues à la mâchoire supérieure.

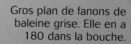

Ce grand dauphin, qui s'apprête à manger, nous montre ses dents.

Gros plan de fanons de baleine grise. Elle en a 180 dans la bouche.

La nageoire caudale

La queue ou nageoire caudale est ce qui différencie, de façon la plus évidente, les cétacés des poissons. Verticale et oscillant de gauche à droite chez les poissons, elle est horizontale et oscille de haut en bas chez les cétacés.

Aileron dorsal. La plupart des cétacés en possèdent un.

Queue de baleine

Queue de requin

★

Le requin est un poisson. Regarde, ci-dessus, la différence entre la queue d'un requin et celle d'une baleine.

Les cétacés ont, de chaque côté, une nageoire pectorale qui sert de gouvernail.

La nageoire caudale est divisée en deux lobes.

Liens Internet

Tout sur les cétacés, avec fiches signalétiques, chants, photos, poèmes, faits d'actualités et plein d'autres choses encore. Pour le lien vers ce site, connecte-toi à : **www.usborne-quicklinks.com/fr**

L'évent des baleines à fanons est double.

Respirer par l'évent

Les cétacés ne respirent pas par la bouche comme les êtres humains, mais par un petit orifice, l'évent, situé sur le dessus de la tête. Ainsi, nul besoin de sortir entièrement la tête de l'eau pour respirer. L'évent des baleines à fanons est double, celui des cétacés à dents est simple.

Généralement situé au milieu de la tête, celui des baleines à dents est simple.

★

 Fait : longues de 5 m, les nageoires pectorales des mégaptères sont bien plus grandes que celles des autres baleines.

La nage

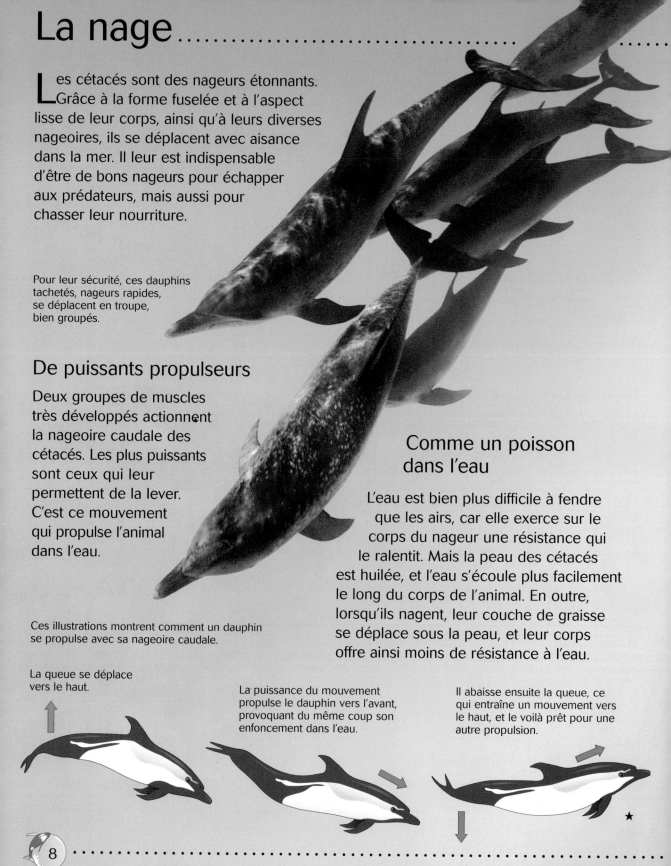

Les cétacés sont des nageurs étonnants. Grâce à la forme fuselée et à l'aspect lisse de leur corps, ainsi qu'à leurs diverses nageoires, ils se déplacent avec aisance dans la mer. Il leur est indispensable d'être de bons nageurs pour échapper aux prédateurs, mais aussi pour chasser leur nourriture.

Pour leur sécurité, ces dauphins tachetés, nageurs rapides, se déplacent en troupe, bien groupés.

De puissants propulseurs

Deux groupes de muscles très développés actionnent la nageoire caudale des cétacés. Les plus puissants sont ceux qui leur permettent de la lever. C'est ce mouvement qui propulse l'animal dans l'eau.

Ces illustrations montrent comment un dauphin se propulse avec sa nageoire caudale.

Comme un poisson dans l'eau

L'eau est bien plus difficile à fendre que les airs, car elle exerce sur le corps du nageur une résistance qui le ralentit. Mais la peau des cétacés est huilée, et l'eau s'écoule plus facilement le long du corps de l'animal. En outre, lorsqu'ils nagent, leur couche de graisse se déplace sous la peau, et leur corps offre ainsi moins de résistance à l'eau.

La queue se déplace vers le haut.

La puissance du mouvement propulse le dauphin vers l'avant, provoquant du même coup son enfoncement dans l'eau.

Il abaisse ensuite la queue, ce qui entraîne un mouvement vers le haut, et le voilà prêt pour une autre propulsion.

Cétacés aériens

Les cétacés bondissent souvent hors de l'eau, se laissant retomber en faisant un grand plat. On ne connaît pas exactement le sens de ces « éclaboussements », mais cela pourrait être une façon de communiquer ou bien de repérer de la nourriture, de haut, ou tout simplement de jouer.

Liens Internet

Surfe sur ce site consacré aux dauphins et à la nage avec ces animaux, avec des photos et un coin enfants. Pour le lien vers ce site, connecte-toi à :
www.usborne-quicklinks.com/fr

Cette orque bondit hors de l'eau. Pour ce faire, elle nage à la surface, puis se propulse d'un puissant coup de queue.

Cou raide

La plupart des cétacés ont le cou raide et court et ne peuvent bouger la tête que de haut en bas, et non latéralement. Ainsi maintenue dans l'axe du corps, la tête ne risque pas, lorsqu'ils nagent, de les ralentir. En revanche, pour voir autour, ils sont obligés de se retourner complètement à l'aide de leurs nageoires.

Cette silhouette de profil montre l'ampleur maximale du mouvement vertical de la tête et de la nageoire caudale.

Fait : un champion olympique de natation atteint les 9 km/h, mais les cétacés peuvent faire des sprints à 56 km/h.

Les sens indispensables

Les cétacés disposent de quatre sens indispensables à la vie marine. Comme tous les autres mammifères, ils possèdent la vue, le toucher, le goût et l'ouïe, mais, au contraire de ceux-ci, ils n'ont pas d'odorat.

L'ouïe

En se déplaçant, le son produit des vibrations. Comme chez tous les mammifères, un organe auditif situé à l'intérieur de la tête permet aux cétacés de percevoir ces vibrations. Elles leur parviennent par de petits orifices qui se trouvent derrière les yeux, mais surtout en cheminant le long de la mâchoire inférieure.

Les grands dauphins, comme ceux-ci, se saluent souvent en se touchant le museau et les nageoires.

Le toucher

La peau des cétacés est très sensible, et leur sens du toucher est donc très développé. C'est d'ailleurs avec ce sens qu'ils communiquent. Les dauphins se témoignent souvent leur affection en se frottant mutuellement le ventre ou en se tapotant avec la nageoire pectorale.

Le goût

Réceptive au goût, leur langue permet aux cétacés de choisir les aliments. Les spécialistes pensent que les cétacés sont également capables de détecter, au goût, les substances chimiques émises par les autres espèces pour déterminer si elles sont amies ou hostiles.

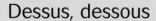

Dessus, dessous

La plupart des cétacés ont une bonne vue et certains voient aussi bien hors de l'eau que dedans. Ils sortent d'ailleurs souvent la tête de l'eau pour jeter un coup d'œil. On appelle parfois cela le « spyhopping » : l'animal se tient verticalement hors de l'eau jusqu'aux nageoires pectorales.

Liens Internet

Sur cet autre site consacré aux cétacés, tu peux te renseigner sur leurs sens et le sonar des dauphins. Pour le lien vers ce site, connecte-toi à : **www.usborne-quicklinks.com/fr**

Vision sous-marine

Les animaux ont besoin de lumière pour voir, mais les cétacés y parviennent même dans des eaux sombres et troubles. Une couche réfléchissante, le tapetum, tapisse le fond de leur œil et renvoie la lumière à l'intérieur de l'œil. L'animal peut ainsi tirer parti de la moindre lueur dans l'eau.

★

Coupe de l'œil d'un cétacé

La lumière pénètre par ici.

La couche bleue est sensible à la lumière.

La couche rouge représente le tapetum, qui renvoie la lumière sur la couche sensible.

Ce mégaptère jette un coup œil dans l'espoir de repérer des poissons ou d'autres baleines.

Fait : les yeux des cétacés produisent un écoulement constant de larmes huileuses. Elles nettoient les impuretés et préviennent les infections.

11

Le son sous la mer

Le son joue un rôle essentiel chez les cétacés. Grâce à lui, ces mammifères parviennent à s'orienter et à trouver leur nourriture. Il leur sert également à communiquer entre eux.

Vision virtuelle

En nageant, les cétacés à dents émettent des clics à haute fréquence qui, arrêtés par les objets rencontrés, rebondissent sous forme d'écho vers l'émetteur. Selon le temps mis par l'écho pour revenir, le cétacé estime la distance qui le sépare de l'objet. Il peut aussi déduire la forme et la taille de l'objet selon l'orientation de l'écho. Cette façon de « voir » s'appelle l'écholocation.

Instrument à vent

Les cétacés à dents émettent des clics en faisant circuler de l'air dans une série de sacs aériens que contient leur tête. Ces sons passent ensuite dans le melon, une masse graisseuse que renferme le front, qui les focalise et les envoie vers une cible précise.

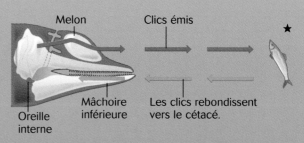

Melon   Clics émis   ★

Oreille interne   Mâchoire inférieure   Les clics rebondissent vers le cétacé.

Ce dessin montre comment un dauphin repère un poisson grâce à ces clics. La vibration provoquée par le son est transmise jusqu'à l'oreille interne par la mâchoire inférieure.

Les spécialistes pensent que les cétacés doivent acquérir la maîtrise de l'écholocation. Ce jeune lagénorhynque obscur semble apprendre l'écholocation auprès de sa mère.

Fait : grâce à l'écholocation, un dauphin est capable de repérer un objet de la taille d'une balle de ping-pong à une distance équivalente à la longueur d'un terrain de football.

Hautes et basses fréquences

Le son se propage en ondes invisibles. Un son à haute fréquence produit des ondes resserrées et un son à basse fréquence des ondes étalées. Pour l'écholocation, un cétacé à dents utilise des sons à haute fréquence, la forme ramassée des ondes permettant de repérer de petits objets. Une baleine à fanons ne peut émettre que des sons à basse fréquence et ne localise que de gros objets.

Onde sonore à haute fréquence

Voici comment les hautes fréquences permettent de détecter des petits poissons.

Onde sonore à basse fréquence

Ces ondes ne peuvent pas détecter les petits poissons.

Cette baleine grise, une baleine à fanons, a de tout petits yeux probablement inefficaces dans les eaux sombres. La perception des sons lui est donc indispensable.

Garder le contact

Le son se propage cinq fois plus vite dans l'eau que dans l'air, ce qui permet aux cétacés de rester en contact même à de grandes distances. Certains spécialistes estiment que les basses fréquences émises par les baleines à fanons peuvent parcourir 5 500 km.

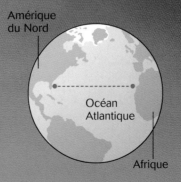

Amérique du Nord

Océan Atlantique

Afrique

Les deux points rouges sur cette mappemonde représentent des baleines à fanons. Celle sur la côte nord-africaine parvient à entendre celle de la côte américaine.

Le cerveau des dauphins

On pense souvent que le dauphin est un animal intelligent. L'étude de ces animaux en captivité a permis de les connaître mieux que tout autre cétacé. Les spécialistes ont néanmoins encore beaucoup à apprendre sur leur intelligence.

La taille du cerveau

Le cerveau du dauphin est plus grand, par rapport à sa taille, que celui de la plupart des autres animaux, excepté l'homme. Le record en la matière est détenu par le grand dauphin. Il est probable que ce soit pour les besoins de l'écholocation, plutôt que pour des facultés que nous considérons liées à l'intelligence, comme le langage.

Capturer des proies

À l'état sauvage, les dauphins ont mis au point des façons astucieuses de chasser. Les grands dauphins, par exemple, se regroupent parfois pour pousser les poissons vers le rivage, où ils sont plus faciles à attraper.

Les dauphins poussent les poissons vers la côte afin qu'ils ne puissent s'enfuir.

Puis ils se jettent sur la plage pour les attraper et les manger.

★

Dauphins acrobates

En captivité, les dauphins apprennent vite à répondre aux instructions de leur dresseur. Ils réalisent ainsi des numéros sur commande, comme sauter à travers des arceaux ou bien faire des sauts périlleux.

Ce grand dauphin apprend à sauter dans un arceau en vue d'un spectacle.

Astucieux dauphins

Les dauphins se transmettent des informations à l'aide de sons. Au cours d'une expérience avec des dauphins en captivité, un animal a réussi à faire savoir à un autre, dans un bassin séparé, sur quel bouton il fallait appuyer pour obtenir de la nourriture.

Liens Internet

Un site consacré aux dauphins, où tu trouveras entre autres une rubrique sur leur intelligence. Pour le lien vers ce site, connecte-toi à : **www.usborne-quicklinks.com/fr**

Ce dauphin se sert de son museau pour appuyer sur les boutons.

Les cétacés sont capables d'apprendre à répondre aux sons et aux gestes. Ce dresseur entraîne ces globicéphales à bondir hors de l'eau au moment où il lève le bras.

Le sifflet du dauphin

Chaque dauphin émet une sorte de sifflement particulier, sorte de sifflement d'identification. Chacun est en outre capable d'imiter celui de ses congénères. Selon certains spécialistes, cette imitation servirait à appeler l'individu imité.

Fait : les dauphins reconnaissent leur propre reflet dans un miroir. Les seuls autres animaux qui en sont capables sont le chimpanzé et l'homme.

La respiration

P our vivre, tous les animaux ont besoin d'oxygène. Comme les êtres humains, les cétacés se le procurent en inspirant de l'air, ce qui leur impose de remonter à la surface. Ils disposent cependant de techniques pour rester de longues périodes sous l'eau.

L'inspiration

À la surface, les cétacés ouvrent leur évent pour inspirer autant d'air que possible dans les poumons. Plus ils en inspirent, plus ils absorbent d'oxygène et peuvent rester longtemps en apnée. Avant de plonger, le cétacé referme son évent pour éviter que l'eau ne s'y introduise.

L'ouverture de l'évent de ces dauphins tachetés est ici distinctement visible, tandis qu'ils remontent à la surface pour respirer.

Le souffle de la baleine

Lorsqu'un cétacé expire, il produit un jet impressionnant. Ce jet est essentiellement composé du souffle de l'animal qui devient visible au contact de l'air froid, comme le nôtre par les froides journées d'hiver. Il contient également de l'eau infiltrée dans l'évent.

Mégaptère

Baleine bleue

Baleine franche

Cachalot

Rorqual

Ces silhouettes de cétacés, vus de face, nous montrent le souffle de différentes espèces. La taille et la forme du souffle permettent de les identifier.

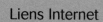
Liens Internet
Les questions fréquemment posées sur les baleines, dont celle concernant sa respiration. Pour le lien vers ce site, connecte-toi à :
www.usborne-quicklinks.com/fr

Fait : le souffle le plus haut est celui de la baleine bleue ; il peut atteindre 12 m, la hauteur d'un immeuble de 3 étages.

Plongée en apnée

Les cétacés sont certes obligés de remonter respirer à la surface, mais ils emmagasinent, dans le sang et les muscles, un supplément d'oxygène qui leur permet de rester sous l'eau lorsque le stock des poumons est épuisé. En outre, comme leur cœur bat plus lentement en plongée qu'à la nage, ils économisent de l'oxygène.

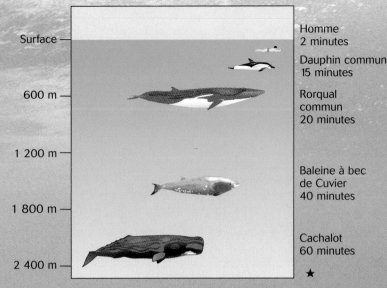

Surface

600 m

1 200 m

1 800 m

2 400 m

Homme
2 minutes

Dauphin commun
15 minutes

Rorqual commun
20 minutes

Baleine à bec de Cuvier
40 minutes

Cachalot
60 minutes

★

Comparatif du temps en apnée et de la profondeur atteinte par chaque espèce par rapport à l'homme.

La pression des profondeurs

Plus on plonge profond, plus la pression de l'eau est forte. Si un être humain dépassait 150 m de profondeur, sa cage thoracique et ses poumons seraient écrasés par la pression. Les cétacés atteignent de bien plus grandes profondeurs grâce à l'élasticité de leur cage thoracique et de leurs poumons qui peuvent être comprimés, puis reprendre leur forme normale.

Ces globicéphales plongent pour attraper des encornets. Ils atteignent des profondeurs six fois plus grandes que l'homme.

17

Se nourrir..

Les cétacés à dents et ceux à fanons ne se nourrissent pas de la même façon, ni avec les mêmes aliments. Chasseurs, les cétacés à dents attrapent du poisson et des encornets. Les baleines à fanons absorbent des organismes bien plus petits, qu'elles filtrent avec leurs fanons.

Liens Internet

Renseigne-toi sur l'alimentation des cétacés. Pour le lien vers ce site, connecte-toi à :
www.usborne-quicklinks.com/fr

Les dents et l'alimentation

La façon dont les différentes espèces chassent des proies dépend de la forme de leurs dents. Pointues, celles des dauphins sont efficaces pour se saisir des poissons, alors qu'avec leurs grandes dents robustes, les épaulards arrachent la chair de proies plus grandes.

Le long museau du dauphin de l'Amazone est armé de 140 dents.

Boulettes de poissons

Les dauphins chassent en groupe. L'une de leurs techniques consiste à se placer sous un banc de poissons, à les pousser vers la surface, puis à les encercler pour les contraindre à se regrouper. Ensuite, chacun traverse cet amas compact de poissons, bouche ouverte, pour en avaler autant que possible.

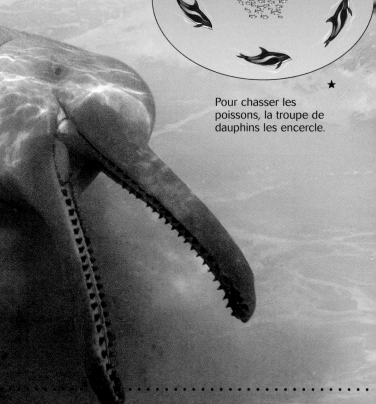

★

Pour chasser les poissons, la troupe de dauphins les encercle.

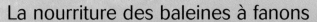

La nourriture des baleines à fanons

Les baleines à fanons se nourrissent de petits poissons, de krill et de zooplancton, organismes tellement minuscules qu'il faut un microscope pour les distinguer. Pour survivre, la baleine doit en absorber des quantités astronomiques. La baleine bleue, par exemple, en avale 4 tonnes par jour, le poids de 12 000 pizzas !

Ce mégaptère se nourrit près de la surface. Les mouettes guettent les poissons qui bondiraient hors de l'eau.

Fanons

★

D'énormes bouchées

La baleine à fanons se remplit la bouche d'eau chargée de poissons et de zooplancton. Puis elle la referme et pousse l'eau avec la langue pour la chasser par les fanons. Ces derniers, agissant comme des filtres, laissent passer l'eau mais retiennent la nourriture, que la baleine avale ensuite.

Les baleines à fanons nagent la bouche ouverte, le temps de la remplir d'eau et de nourriture.

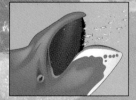

Puis elle referme la bouche, chassant l'eau par les fanons, avant d'avaler la nourriture ainsi piégée.

 Fait : les dauphins, ainsi que la plupart des cétacés à dents, avalent la nourriture sans la mâcher.

Les amours des cétacés....   ..

Afin de se reproduire, les cétacés doivent commencer par trouver un partenaire, un animal du sexe opposé. Il leur arrive alors de parcourir des milliers de kilomètres et parfois même, pour certains mâles, de se battre.

Comme chaque année, ces deux baleines grises sont en route pour le Mexique afin d'y trouver un partenaire.

Solitaires

Généralement solitaires, les baleines à fanons vivent souvent très loin de leurs congénères. Mais chaque année, au moment de la reproduction, elles se regroupent au même endroit.

Mâles vagabonds

La plupart des cétacés à dents vivent en troupes et trouvent leur partenaire au sein du groupe. Chez les cachalots, au contraire, les troupes sont unisexes et, pour rencontrer leur élue, les mâles doivent partir à la recherche de troupes de femelles.

Les pseudorques vivent en troupes mixtes et trouvent facilement un partenaire.

Chant d'amour

Le mâle du mégaptère chante seul pendant des heures dans le but d'attirer une femelle. Cette sérénade est composée de grognements, de gémissements, de trilles et de pépiements. Ce faisant, il nage de long en large au même endroit et ne s'arrête qu'une fois la femelle trouvée. Le chant sert aussi à éloigner les autres mâles.

Démonstratifs !

Certaines espèces
ont une façon très
démonstrative de
faire leur cour. Le
mâle et la femelle
se poursuivent en
faisant des cercles,
en se caressant avec
les nageoires et en
se frottant le ventre,
et bondissent hors
de l'eau de concert.

Ces dauphins tachetés
se frottent le ventre en
signe d'affection.

Le combat pour les femelles

Les mâles se battent parfois pour
conquérir une femelle. Chez le narval,
par exemple, les mâles s'affrontent à
coups de défense. C'est en général
l'animal qui a la plus longue et la plus
puissante défense qui gagne.

Ces narvals « croisent le fer » pour une femelle. Il arrive
qu'ils se transpercent.

 Fait : le mâle du mégaptère a le chant le plus long et le plus compliqué
du règne animal. Le plus long chant connu a duré 22 heures.

Les petits des cétacés

Les petits se développent dans le ventre de leur mère. À la naissance, qui se déroule sous l'eau, ils ressemblent à des adultes miniatures.

La queue d'abord

Le nouveau-né a des nageoires et une queue molles, ce qui facilite la mise bas. Il se présente en général par la queue et l'évent sort en dernier, ce qui lui évite d'avaler de l'eau en essayant de respirer.

La mère met bas près de la surface afin que son nouveau-né n'ait pas loin à aller pour prendre sa première bouffée d'air.

Elle le soulève au-dessus de la surface, en s'aidant de la tête et du museau, afin qu'il puisse respirer.

★

Le lait maternel

★

Ce petit tète le lait par un sillon situé sur le ventre de la mère.

Quelques heures à peine après la naissance, la mère commence à allaiter son petit. Son lait, riche en graisse, permet au petit de se constituer une épaisseur de lard et d'avoir bien chaud.

Liens Internet

Une page sur les petits de quelques espèces différentes de baleines. Pour le lien vers ce site, connecte-toi à :
www.usborne-quicklinks.com/fr

Cette baleine grise apprend à son petit à regarder hors de l'eau. Le baleineau est une véritable réplique, en petit, de sa mère.

Tout près !

Durant les premières
semaines de sa vie,
le petit est encore
faible et reste auprès de
sa mère pour bénéficier
de sa protection. Bien
qu'il sache nager dès la
naissance, il lui arrive souvent
de se reposer, une nageoire
appuyée contre sa mère.

Pour s'aider,
ce petit dauphin
prend appui avec
sa nageoire sur le
flanc de sa mère.

Maman orque et ses deux
petits. Les rejetons restent
souvent auprès de leur mère
tout le long de leur vie.

Mère protectrice

Chez les cétacés, la mère est très
protectrice. Elle protège son petit des
prédateurs tels que les requins et
orques. Lorsqu'un petit, blessé, est
incapable de se rendre à la surface
pour respirer, elle le maintient hors de
l'eau aussi longtemps qu'elle le peut.

Apprentissage

La plupart des petits
passent deux à trois ans
avec leur mère, apprenant
à son contact quels prédateurs
éviter et comment se nourrir.
Ils apprennent également
à communiquer en imitant
les sons émis par la mère.

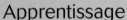

Fait : à la naissance, un nouveau-né mesure environ le quart de la taille de sa mère.

La vie en collectivité

La plupart des cétacés à dents vivent en troupe. Selon l'espèce et son lieu d'habitation, le groupe peut atteindre 500 individus. Cette vie collective leur permet de chasser et de se défendre plus facilement.

Groupes occasionnels et familiaux

Certaines espèces forment des regroupements dont les membres peuvent varier de jour en jour, les cétacés naviguant d'une troupe à l'autre. Mais d'autres, comme l'orque par exemple, vivent en groupes familiaux fixes toute leur vie.

L'entraide

Les cétacés à dents des océans forment des troupes très nombreuses, ce qui leur permet de s'aligner dans l'eau et de ratisser une vaste zone à la recherche de proies. Lorsque certains d'entre eux croisent un banc de poissons, ils bondissent hors de l'eau pour en signaler la localisation aux autres.

Liens Internet

Une rubrique sur les mamans dauphins et leurs petits, et les « garderies » dans la mer. Pour le lien vers ce site, connecte-toi à :
www.usborne-quicklinks.com/fr

Des nurseries

Pour protéger leur progéniture, certaines femelles de cétacés à dents forment des « nurseries ». Les mères se chargent de chasser pendant que d'autres femelles, sans petits, les « tantes », s'occupent des jeunes.

Troupe de dauphins tachetés. Ces groupes sont généralement composés de 5 à 15 individus.

La queue, arme de défense

Chez les cétacés, lorsqu'un membre de la troupe est en danger, les autres tentent de l'aider. Les cachalots, par exemple, entourent un des leurs, blessé, ou un jeune, pour le protéger d'une attaque. Ils chassent d'éventuels ennemis en donnant de grands coups de leur puissante queue.

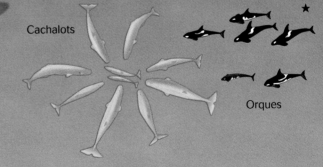

Cachalots

Orques

Ces cachalots entourent des jeunes pour les protéger d'une troupe d'orques.

 Fait : chez les dauphins, les mâles créent de solides amitiés. Des couples d'amis de 15 ans ne sont pas rares parmi les grands dauphins.

La migration des baleines ....

Les cétacés parcourent souvent de longues distances pour se procurer à manger, trouver un partenaire ou bien mettre bas. C'est ce qu'on appelle la migration.

Retrouver sa route

Le centre de la Terre est composé de métaux très chauds qui sont magnétiques. Ils exercent une attraction magnétique autour du globe. Les scientifiques pensent que les cétacés y sont sensibles et s'en servent pour retrouver leurs routes migratoires dans les océans.

Mégaptère et son petit. Chez cette espèce, la mère met bas dans les mers chaudes, puis revient vers les eaux plus froides avec son petit.

Un long voyage

La plupart des baleines à fanons effectuent, chaque année, une longue migration qui les mène des mers chaudes, où elles se reproduisent et mettent bas, vers les mers froides où elles se nourrissent. La migration des baleines grises entre le Mexique et l'Arctique, un aller-retour de 20 000 km, est l'une des plus longues.

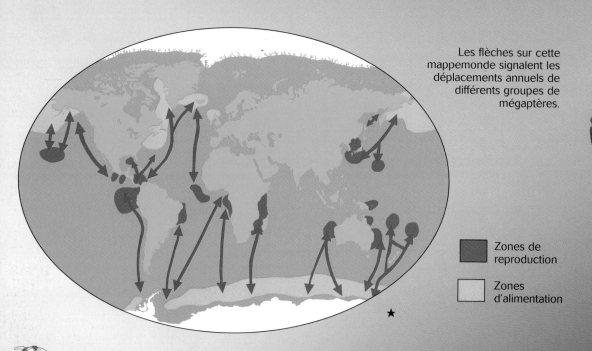

Les flèches sur cette mappemonde signalent les déplacements annuels de différents groupes de mégaptères.

Zones de reproduction

Zones d'alimentation

Échapper aux glaces

Les bélougas sont l'une des rares espèces de cétacés à dents qui migrent. La plupart d'entre eux passent l'été dans les mers du Grand Nord qui, l'hiver, sont prises par les glaces. Les animaux sont alors contraints de migrer vers des eaux moins glaciales.

Des sédentaires

Bien que les cétacés à dents se déplacent souvent sur de vastes territoires, très peu migrent réellement. Certaines espèces passent toute leur vie sur un bien petit territoire.

Ces bélougas migrent vers le sud. Ils se déplacent en groupe pour dissuader les prédateurs.

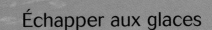

Fait : au cours d'une vie de 40 ans et plus, une baleine grise parcourt une distance égale à celle qui sépare la Terre de la Lune et retour.

Des cétacés et des hommes

Les hommes ont toujours été fascinés par les cétacés. Depuis l'Antiquité, ils se racontent des légendes à propos de gentils dauphins qui aident les êtres humains. Les grandes baleines, elles, étaient plutôt considérées comme des monstres terrifiants, mangeurs d'hommes.

Gentils dauphins

Les dauphins sont très curieux et, contrairement aux autres animaux, ils sont capables de se détourner de leur chemin pour approcher les êtres humains. Certains, même, vivent éloignés de leurs congénères, passant parfois plusieurs années dans le voisinage des hommes. Il se peut qu'ils aient perdu leur troupe ou bien, tout simplement, qu'ils apprécient notre compagnie.

Certains dauphins, comme celui-ci, sont peu farouches et se laissent attraper par des êtres humains. Mais attention, n'approche jamais un dauphin sans être sûr que c'est sans danger !

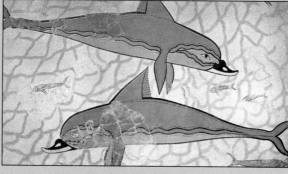

Cette peinture représentant des dauphins orne le mur d'un palais à Knossos, en Crète. Elle a été réalisée il y a environ 3 500 ans.

Les dauphins dans la mythologie

Dans l'une des légendes de la Grèce antique, un dauphin sauve un musicien dénommé Arion, qui a été jeté dans les eaux par des pirates. L'animal, charmé par la musique d'Arion, le ramène, sur son dos, vers la berge.

Les dauphins sauveteurs

Il existe quantités d'histoires vraies au sujet de dauphins qui protègent des hommes contre des requins. En 1992, par exemple, une femme nageait au large de la côte du Tonga, dans le Pacifique, lorsque surgit un requin. En quelques instants, elle fut entourée de dauphins qui restèrent le temps que le prédateur parte.

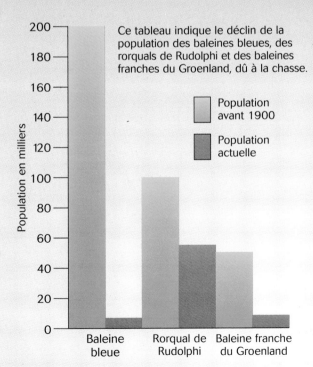

La chasse à la baleine

Autrefois, les baleines étaient chassées pour leur graisse, viande et huile. De nos jours, le comportement des gens vis-à-vis de ces animaux a changé. La chasse est interdite dans la plupart des pays et l'observation des baleines est très en vogue. Mais il y a des règles à respecter pour les approcher sans les déranger.

Ces amateurs de baleines caressent une baleine grise. Particulièrement curieuse, cette espèce s'approche facilement des bateaux.

Ce tableau indique le déclin de la population des baleines bleues, des rorquals de Rudolphi et des baleines franches du Groenland, dû à la chasse.

Population en milliers (axe vertical : 0 à 200)

■ Population avant 1900
■ Population actuelle

Baleine bleue — Rorqual de Rudolphi — Baleine franche du Groenland

Liens Internet

Consulte le site d'une opération ayant pour but de protéger les dauphins et les baleines en Méditerranée. Pour le lien vers ce site, connecte-toi à : www.usborne-quicklinks.com/fr

Menaces actuelles

Les cétacés sont toujours menacés par l'homme. Les déchets toxiques rejetés à la mer peuvent s'accumuler dans leur organisme et altérer leur santé. Pour les dauphins, le risque majeur provient des filets de pêche : chaque année, des milliers d'entre eux meurent noyés, coincés dans ces filets.

Fait : dans l'Antiquité, les Grecs pensaient que tuer un dauphin était aussi grave que de tuer un homme.

Énormes baleines....................

Les rorquals sont l'une des plus grandes familles de baleines à fanons. Membre de cette même famille, la baleine bleue (ou rorqual bleu) est l'animal le plus grand, le plus bruyant et le plus lourd qui ait jamais existé.

Gorge gonflée

Toutes les espèces de rorquals possèdent des plis cutanés sur la gorge, des sillons gulaires, qui s'étendent de la mâchoire jusqu'aux nageoires. Lorsqu'ils se déplient, ils permettent à la gorge de l'animal de se gonfler et d'engloutir de grandes quantités de poissons, de zooplancton et d'eau.

Le rorqual engloutit d'énormes bouchées d'eau et de nourriture mélangées. Le poids écarte les plis.

Il referme la bouche, contracte la gorge et remonte la langue vers le palais pour expulser l'eau.

Cette baleine bleue mange. On voit l'eau expulsée de sa bouche.

L'eau comme support

Les rorquals peuvent devenir énormes. Leur taille est bien supérieure à celle des animaux terrestres, car l'eau est un excellent support. Hors de l'eau, ces grosses baleines ne pourraient pas survivre, car leurs poumons seraient écrasés par un tel poids et elles ne pourraient plus respirer.

Voici la queue d'une baleine bleue. Chaque lobe de la queue mesure environ 8 m de large, la largeur de 3 autobus garés côte à côte.

Étonnantes baleines

Les mégaptères sont un peu différents des autres membres de la famille rorqual. Ceux-ci ont en effet le corps long et fin, alors que les mégaptères sont plus courts et trapus, et leurs nageoires beaucoup plus grandes. Ils ont également une technique de pêche inhabituelle : ils produisent un réseau de bulles qui agit comme un filet.

La baleine nage en rond sous un banc de poissons tout en faisant des bulles, qui finissent par former comme un filet autour des proies.

La baleine n'a plus qu'à traverser les bulles, la bouche grande ouverte, pour engloutir son repas.

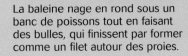

Fait : d'un seul souffle, une baleine bleue pourrait gonfler 2 000 ballons.

Baleines franches et baleine grise .....

Les baleines franches et la baleine grise, proches parentes, sont de grosses baleines à fanons. La première famille est composée de trois espèces et la deuxième d'une seule.

Voguer dans le vent

Cétacés très actifs, la baleine franche et la baleine grise font du « spyhopping » et s'amusent à bondir hors de l'eau. Il arrive parfois aux baleines franches australes de se mettre la queue en l'air, hors de l'eau, et de se laisser dériver, poussées par les vents. Les spécialistes pensent qu'elles le font pour s'amuser, car elles reviennent souvent au point de départ et recommencent.

Vent

★

Les baleines franches se mettent la queue à angle droit par rapport au vent pour profiter de son souffle.

Se nourrir à la surface

La baleine franche ne possède pas une gorge extensible comme le rorqual et ne peut engloutir de grosses gorgées d'eau. Elle nage à la surface, la bouche ouverte, et une fois qu'elle a récolté suffisamment de nourriture dans ses fanons, elle la détache avec la langue puis l'avale.

La chasse à la baleine franche

La baleine franche est l'une des baleines qui a été le plus chassée. C'est une espèce lente et qui en outre, une fois morte, flotte à la surface, caractéristiques qui la rendent facile à attraper.

Baleine franche australe. Cette espèce ne vit que dans les océans de l'hémisphère Sud.

Les parasites des baleines

Les cétacés sont parasités par des poux qui s'installent et se nourrissent sur leur peau. Peu rapides, les baleines franches et les baleines grises abritent plus de parasites que les autres cétacés, car le pou s'accroche d'autant plus facilement. Certaines baleines franches ont aussi des excroissances sur la tête, appelées callosités, sur lesquelles vivent les poux.

Cette baleine qui bondit hors de l'eau tente peut-être de se débarrasser de ses poux.

Ces callosités sont généralement blanches, de la couleur des poux. Mais lorsque le parasite est rosé ou orangé, l'excroissance l'est aussi.

Baleine fouisseuse

La baleine grise se nourrit d'une façon assez originale. Elle se roule sur le fond de la mer et aspire l'eau boueuse chargée de petites crevettes et autres organismes minuscules. Elle expulse ensuite l'eau au travers de ses fanons.

Pour se nourrir, la baleine grise agite le fond de la mer, comme ci-dessus.

Liens Internet

Une fiche sur le « spyhopping » des baleines franche et grise. Pour le lien vers ce site, connecte-toi à :
www.usborne-quicklinks.com/fr

Fait : la baleine franche du Groenland vit plus longtemps que les autres cétacés. La plus âgée que l'on connaisse a vécu 130 ans.

Les cétacés des profondeurs..............

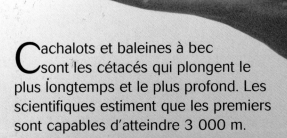

Cachalots et baleines à bec sont les cétacés qui plongent le plus longtemps et le plus profond. Les scientifiques estiment que les premiers sont capables d'atteindre 3 000 m.

Puissance caudale

Cet hyperoodon est une espèce de baleine à bec. Il est capable de rester environ une heure en apnée.

L'hyperoodon peut rester en apnée aussi longtemps que le cachalot, mais il plonge moins profondément. C'est en partie grâce à la taille particulièrement grande de sa queue, comparée à son corps, que le cachalot descend aussi bas. Il se propulse, à l'aide de sa nageoire caudale, à des vitesses de 3 m à la seconde.

Le blanc de baleine

La tête du cachalot contient une cire huileuse connue sous le nom d'huile spermaceti ou blanc de baleine. Selon les scientifiques, lorsque le cachalot plonge, il refroidit la cire pour la rigidifier, ce qui lui permettrait de s'enfoncer plus facilement.

Il se peut également que la cire serve pour l'écholocation. Elle focaliserait les clics ou même les intensifierait, tétanisant ainsi les proies.

Sur cette coupe de la tête d'un cachalot, on voit l'huile spermaceti.

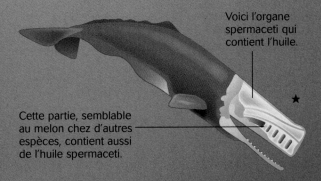

Voici l'organe spermaceti qui contient l'huile.

Cette partie, semblable au melon chez d'autres espèces, contient aussi de l'huile spermaceti.

Fait : la tête du cachalot est plus grande qu'une voiture.

Cette baleine à bec de Cuvier est couverte de cicatrices. Selon les scientifiques, les mâles de cette famille se battent souvent.

Mystérieuses baleines

Les baleines à bec passent le plus clair de leur temps en eau profonde, loin des côtes, et ne viennent à la surface que pour respirer. Nous les connaissons peu, car elles sont difficiles à étudier. Certaines espèces n'ont été observées qu'une fois échouées, mortes, sur le rivage.

On distingue clairement les énormes lobes de la queue de ce cachalot.

Liens Internet

Tu peux consulter ici une fiche technique sur l'hyperoodon, avec des photos. Pour le lien vers ce site, connecte-toi à :
www.usborne-quicklinks.com/fr

Petits cachalots

La famille des cachalots comprend deux autres espèces, bien plus petites : le cachalot pygmée et le cachalot nain. Dérangées, ces espèces projettent un nuage de liquide rouge dans l'eau. Laissant le prédateur interloqué, le cachalot peut s'enfuir.

Cachalot pygmée. L'espèce atteint les 3 m de long.

Les cétacés de l'Arctique.....................

Les narvals et les bélougas sont des cétacés à dents qui appartiennent à la même famille. La plupart des espèces vivent dans les eaux glacées de l'Arctique.

Sous les glaces

Les eaux de l'Arctique sont recouvertes de glace la plupart de l'année. Mais les narvals et les bélougas nagent sous ces plaques gelées, leur épaisse couche de graisse les protégeant du froid. Pour respirer, ils doivent trouver des trous dans la glace. Ces espèces peuvent nager tout près de la surface, car elles n'ont pas de nageoire dorsale.

Le rot du bélouga

Le melon de ce bélouga est bien arrondi. La forme du melon dépend du son émis par l'animal.

La gamme de sons que peuvent émettre les bélougas est plus vaste que celle des autres cétacés. Ils communiquent en sifflant, en grinçant, en grognant et en rotant. Les grognements, par exemple, servent d'avertissement. Leur très grand melon leur permet peut-être cette diversité de sons.

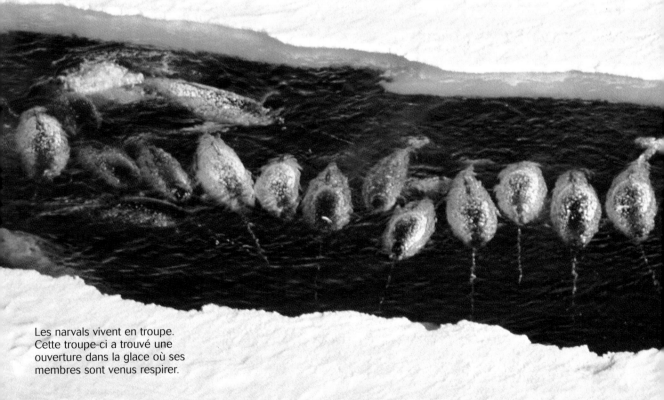

Les narvals vivent en troupe. Cette troupe-ci a trouvé une ouverture dans la glace où ses membres sont venus respirer.

Fait : les bélougas percent des trous pour respirer en poussant sur la glace avec leur tête. Ils sont capables de briser une épaisseur de 10 cm.

Le melon de ce bélouga se trouve vers l'avant de la tête, en signe d'agressivité.

Changer d'expression

Lorsque la forme du melon et de la bouche d'un bélouga change, cela modifie également son expression, lui donnant un air souriant ou fâché. Il se peut que ces expressions servent à la communication, mais les spécialistes n'en sont pas encore sûrs.

De la dent à la défense

Les narvals ont des dents étonnantes. Tous naissent avec 2 dents, mais chez le mâle, celle de gauche pousse jusqu'à devenir une défense de 3 m de long. La femelle, aussi, en a parfois une, mais petite.

Les mâles se battent à coups de défense pour s'approprier les femelles (page 21). Le maître d'une troupe est souvent celui qui possède la défense la plus épaisse et la plus puissante.

Liens Internet

Approfondis tes connaissances sur le narval : sa morphologie, ses mœurs, ses dents, etc. Pour le lien vers ce site, connecte-toi à :
www.usborne-quicklinks.com/fr

★ Voici un dessin du crâne d'un narval. La défense pousse à l'extrémité de la mâchoire supérieure.

Les dauphins des océans ....

Ces dauphins vivent dans les océans et mers du monde entier, sauf aux pôles, trop froids. Il en existe 26 espèces, les plus répandues étant les dauphins à long bec et commun, et le grand dauphin.

Des caractères différents

Certains dauphins océaniques sont bien plus curieux et joueurs que d'autres. Le lagénorhynque obscur, par exemple, bondit étonnamment haut hors des eaux et s'approche des bateaux et des hommes. Le sténo, lui, est timide et ne s'attarde pas à la surface.

Le dauphin sténo a la tête plus étroite et des nageoires plus grandes que les autres dauphins des océans.

Sauter pour respirer

La plupart des dauphins du grand large sont de rapides nageurs. Afin d'éviter de trop ralentir pour respirer, ils font parfois de longs sauts à fleur de l'eau à chaque inspiration d'air. On appelle cela le « marsouinage ». C'est plus rapide que de nager à la surface, où l'eau freine leur corps et les ralentit.

Le dauphin se dirige vers la surface à vive allure, prêt à bondir.

En sortant de l'eau, il ouvre son évent pour inspirer de l'air.

Le corps du dauphin reste hors de l'eau l'espace de quelques secondes.

Il referme son évent et replonge dans l'eau la tête la première.

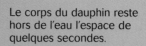

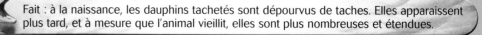

Fait : à la naissance, les dauphins tachetés sont dépourvus de taches. Elles apparaissent plus tard, et à mesure que l'animal vieillit, elles sont plus nombreuses et étendues.

Marques sur la peau

Quelques-uns des plus communs des dauphins des océans sont dépourvus de taches, mais la plupart des espèces ont des marques très visibles. À peu près la moitié d'entre elles ont des taches blanches et noires ; quant au lagénorhynque à flancs blancs de l'Atlantique, il a des traces jaunes sur la queue. Certains grands dauphins et dauphins bleus et blancs ont des taches roses sur le ventre.

Les marques noires et blanches de ces lagénorhynques obscurs sont bien distinctes.

Grands dauphins

On connaît mieux le grand dauphin que les autres espèces océaniques, car il vit près des côtes. On sait par exemple que les troupes sont composées de femelles et de petits qui passent le plus clair de leur temps ensemble, et que les jeunes mâles forment des groupes séparés.

Ces grands dauphins sont à la recherche de nourriture sur un récif de corail. Il est aisé de les étudier dans cette eau limpide et proche de la côte.

Orques et globicéphales ....

Les orques (ou épaulards) et les globicéphales appartiennent tous deux aux delphinoïdes. Les premières forment la famille la plus nombreuse et la plus rapide de cette catégorie.

Les orques sont facilement identifiables à leurs taches noires et blanches bien délimitées.

Orques tueuses

Les orques attaquent et mangent les autres espèces de cétacés, y compris les baleines bleues, trois fois plus grandes qu'elles. Mais on ne les a jamais vues s'attaquer aux hommes. Leur régime, composé de poissons, d'oiseaux, de tortues et de phoques, est plus varié que celui des autres cétacés.

Chasser sur le rivage

L'orque est l'une des rares espèces de baleines à poursuivre sa proie jusque sur le rivage. Elle se lance sur les plages où les lions de mer se regroupent et s'empare d'un des mammifères imprudents. Puis elle s'en retourne dans la mer pour savourer son repas.

Cette orque se prépare à s'élancer sur la plage pour s'emparer d'un lion de mer. Elle doit faire attention à ne pas glisser trop loin pour ne pas se retrouver coincée sur le rivage.

Matriarcat

Les orques et certains globicéphales
vivent en troupes de 40 individus
dont la plupart appartiennent
à la même famille et passent
leur vie entière ensemble.
C'est généralement
la femelle la plus
âgée qui dirige
le groupe.

Ces orques pygmées,
proches parentes des
orques et globicéphales,
vivent aussi en groupe.

Liens Internet

Le monde des orques, un site très complet sur ces
animaux. Pour le lien vers ce site, connecte-toi à :
www.usborne-quicklinks.com/fr

Échouage

Chaque année, des milliers de cétacés
s'échouent sur les plages et ne peuvent
plus rejoindre la mer, particulièrement les
globicéphales. Ils s'échouent souvent en
groupe et cela s'expliquerait par les fortes
relations entre les membres du groupe.

Un animal s'échoue lorsqu'il est malade
ou a perdu le sens de l'orientation. Ne
voulant pas l'abandonner, les autres
s'échouent avec lui. Pour les remettre
à la mer, l'aide de spécialistes est
indispensable.

Les cétacés se retrouvent parfois
coincés sur la plage lorsque la
marée se retire.

Des spécialistes enveloppent l'animal
dans de la toile pour maintenir son
humidité tant qu'il est hors de l'eau.

On fait ensuite glisser l'animal
sur un tapis, puis on le ramène
à la mer.

Fait : la nageoire dorsale des orques est plus grande que celle des autres
cétacés. Parfois, elle est même plus grande qu'un homme.

Les dauphins d'eau douce..................

Les dauphins d'eau douce sont des parents éloignés de ceux des océans. Leur museau est plus long et leurs yeux bien plus petits. Ils vivent dans les grands fleuves boueux d'Asie et d'Amérique du Sud.

La vie en rivière

Les dauphins d'eau douce sont des nageurs lents qui ne peuvent rester en apnée plus d'une minute. Comme ils se nourrissent de poissons, de crevettes et de crabes qui vivent dans la boue de la berge, près de la surface, cela ne les gêne pas. Ils écrasent la coquille des crustacés avec leurs dents aplaties situées à l'arrière du museau.

Aveugle et poilu ★

Ce schéma illustre comment un dauphin de l'Amazone trouve ses proies.

Lorsque le crabe remue, il se forme de petites vagues dans l'eau. Le dauphin perçoit le mouvement avec les poils de son museau et localise sa proie.

Le plupart des dauphins d'eau douce ont une mauvaise vue, quand ils ne sont pas aveugles. Une bonne vue ne leur servirait pas à grand-chose dans cet univers boueux et ils disposent d'autres sens pour s'orienter et chasser. Ceux de l'Amazone ont, sur le museau, de petits poils très sensibles aux mouvements de l'eau. Et chez toutes les espèces, le sens de l'écholocation est très développé.

Le dauphin de l'Amazone traîne ses grandes nageoires sur le fond du fleuve pour sentir des proies éventuelles.

Nager au milieu des arbres

Durant la saison des pluies, les forêts qui bordent l'Amazone, en Amérique du Sud, et le Yangtsé, en Chine, sont envahies par les eaux. Les dauphins investissent alors ces zones inondées à la recherche de nourriture. Ils ne sont pas gênés pour nager entre les arbres, car leurs nageoires et leur corps sont souples.

Liens Internet

Renseigne-toi ici sur les cinq espèces de dauphins d'eau douce. Pour le lien vers ce site, connecte-toi à : **www.usborne-quicklinks.com/fr**

Le dauphin d'eau douce du Yangtsé est le seul à avoir l'extrémité du museau recourbée.

Dauphins menacés

Les dauphins d'eau douce sont menacés de disparition. L'homme draine les rivières qui l'abritent et pêche tant de poisson que leur nourriture se raréfie. Les plus menacés sont ceux du fleuve Yangtsé. Il en reste moins de 200.

Cet encadré indique la partie du Yangtsé habitée par les dauphins.

Chine

Yangtsé

Les dauphins de La Plata

Les dauphins de La Plata sont une espèce très originale. Cette espèce, qui mesure 2 m, partage les mêmes caractéristiques que les autres dauphins d'eau douce, mais elle ne va jamais dans les rivières. Elle vit dans les eaux peu profondes des côtes d'Amérique du Sud.

Fait : leur couleur pâle et leur propension à fuir à la vue de l'homme ont valu aux dauphins de La Plata le surnom de « fantômes blancs » auprès des pêcheurs.

Étonnants cétacés

Les cétacés sont des animaux étonnants. Cette double page présente quelques faits surprenants les concernant.

Cet animal rose est un dauphin à bosse du Pacifique.

Le dauphin à bosse du Pacifique est d'une couleur étonnante. Il est blanc, et parfois même rose.

Le cœur d'une baleine bleue est de la même taille qu'une petite voiture.

Le dauphin à long bec est capable de tourner 7 fois sur lui-même en l'air sans s'arrêter.

Le dauphin à long bec tourne sur lui-même tout en s'élançant hors de l'eau.

Jusqu'au XVIIe siècle, les gens croyaient que les défenses de narvals appartenaient en réalité à des licornes. Elles passaient, en Europe, pour avoir des vertus magiques et guérisseuses et étaient vendues contre de fortes sommes.

Les spécialistes sont capables de reconnaître des individus précis en observant les cicatrices sur les nageoires dorsales et caudales. Chez les mégaptères, c'est le dessin particulier de la queue qui permet d'identifier un animal.

Les cétacés ne s'endorment jamais complètement. Ils ne mettent en sommeil que la moitié du cerveau à la fois. Ils ont besoin de l'autre partie pour respirer.

Chez les baleines franches, la mère nage souvent avec son petit appuyé contre le ventre. Elle le câline avec ses nageoires.

Les rayures blanches sur les nageoires de ce petit rorqual sont un indice qu'il s'agit probablement d'une espèce des océans du Nord.

Les petits rorquals qui vivent dans les océans du Nord ont des rayures blanches sur les nageoires. La plupart de ceux des mers du Sud n'en ont pas.

Les cétacés surfent souvent sur la vague d'étrave des bateaux, car cela leur permet d'avancer plus vite. On appelle cela « bow riding ».

La plupart des rorquals ne se nourrissent que pendant les mois d'été. Ils emmagasinent suffisamment de gras dans leur couche de graisse et dans leurs muscles pour en vivre le reste de l'année.

Près de la côte de Laguna, au Brésil, les grands dauphins aident les pêcheurs dans leur travail. Ils poussent le poisson vers la plage, où l'attendent les filets des pêcheurs. Les poissons qui tentent de fuir en faisant demi-tour se retrouvent directement dans la gueule du dauphin.

Un éléphant logerait sans problème sur la langue d'une baleine bleue.

On peut déterminer l'âge de certains cétacés aux différentes couches sur leurs dents. Il y a à peu près une couche par année de vie.

À la naissance, les petits des cétacés sont couverts d'un duvet qu'ils perdent au bout de quelques semaines.

Dans leurs tripes, les cachalots produisent une substance cireuse, sombre et fétide, l'ambre gris. Une fois chauffé, l'ambre dégage une odeur agréable. L'ambre gris était utilisé dans de nombreux pays jusque dans les années 1980 pour faire du parfum.

Le marsouin de Dall nage souvent très vite juste en dessous de la surface de l'eau. Ce mouvement crée des vagues en forme d'éventail.

Le nom scientifique des baleines et dauphins, cétacés, vient du grec *ketos* qui signifie « monstre marin ».

Ce marsouin de Dall, bien plus petit que la plupart des autres cétacés, nage très vite.

Utiliser Internet......................................

Il te suffit d'un ordinateur de base et d'un moteur de recherche (logiciel permettant aux internautes de trouver les sites créés sur le Web) pour accéder à la plupart des sites Web proposés dans ce livre. Voici les quelques éléments indispensables :

- un PC équipé de Microsoft© Windows© 98 ou version ultérieure, ou un Macintosh Power PC système Mac OS 9 ou ultérieur, et 64 Mo de RAM,
- un navigateur de Web tel que Microsoft© Internet Explorer 5 ou Netscape© Navigator 6 ou toute version plus récente,
- une connexion à Internet via un modem (de préférence à la vitesse de 56 Kbps), une ligne numérique ou par câble,
- un fournisseur d'accès,
- une carte son pour écouter les fichiers son.

Les modules externes

Les programmes additionnels, appelés modules externes ou plug-in, te permettent de consulter des sites Web contenant du son, des vidéos ou des animations et images en 3D. Si tu accèdes à un site sans le module externe nécessaire, un message apparaît à l'écran t'indiquant comment le télécharger. Si cela n'est pas le cas, connecte-toi sur notre site **Quicklinks** et clique sur **Besoin d'aide ?**
Tu y trouveras des liens te permettant de télécharger tous les modules externes désirés. Voici une liste des modules dont tu pourrais avoir besoin :

RealOne Player® — pour voir de la vidéo et écouter des séquences sonores,
Quicktime® — pour voir en vidéo,
Shockwave® — pour voir les animations et les programmes interactifs,
Flash™ — pour voir les animations.

Aide

Si tu as besoin d'aide ou de conseils sur l'utilisation d'Internet, clique sur **Besoin d'aide ?** sur notre site : **www.usborne-quicklinks.com/fr**. Pour plus d'information sur comment utiliser ton navigateur de Web, clique sur le bouton **?** de la barre de menu située dans la bordure supérieure de ton navigateur. Clique ensuite sur **Sommaire et index** pour accéder à la base de données de recherche qui contient de nombreuses informations utiles.

La sécurité sur Internet

Reporte-toi à La sécurité sur Internet au début du livre. Pour en savoir plus à ce sujet, va sur **Besoin d'aide ?** sur **Quicklinks**.

Les virus

Un virus est un petit programme capable de provoquer d'importants dégâts sur ton ordinateur. Tu peux involontairement introduire un virus sur ton ordinateur en téléchargeant sur Internet un programme infecté ou en ouvrant un fichier infecté joint à un message électronique. Nous te recommandons vivement d'acheter un logiciel antivirus pour protéger ton ordinateur et de le mettre à jour régulièrement. Pour plus d'informations sur les virus, clique sur **Besoin d'aide ?** sur **Quicklinks**.

Macintosh et Quicktime sont les marques déposées d'Apple Computer, Inc. aux États-Unis et dans d'autres pays.
RealOne Player est la marque déposée de RealNetworks, Inc. aux États-Unis et dans d'autres pays.
Flash et Shockwave sont des marques de commerce ou des marques déposées par Macromedia, Inc. aux États-Unis et dans d'autres pays.

Index

Remerciements......................................

Tous les efforts ont été faits pour retrouver les détenteurs de copyright des matériaux de ce livre. S'il se trouve que des droits ont été oubliés, les éditeurs proposent de rectifier l'erreur dans les rééditions qui suivront la notification. Les éditeurs remercient les personnes et organismes suivants pour leur autorisation de reproduire du matériel (h = haut, m = milieu, b = bas, g = gauche, d = droite) :

Couverture © Steve Bloom/stevebloom.com ; **p. 1** François Gohier/Ardea ; **p. 2** © Flip Nicklin/ Minden Pictures/FLPA ; **pp. 4-5** (h) © Jorg & Petra Wegner/Bruce Coleman The Natural World, (b) François Gohier/Ardea ; **p. 6** (bg) Ben Cropp/Ardea, (bd) François Gohier/Ardea ; **pp. 6-7** (h) © Amos Nachoum/The Image Bank ; **p. 8** © Digital Vision ; **p. 9** © FLPA/Gerard Laoz; **p. 10** © Flip Nicklin/Minden Pictures/FLPA ; **p. 11** © Johnny Johnson/Bruce Coleman The Natural World ; **p. 12** © NHPA/A.N.T. ; **p. 13** © Flip Nicklin/Minden Pictures/FLPA ; **p. 14** © Powerstock ; **p. 15** © Dave G. Houser/CORBIS ; **p. 16** (h) © Pacific Stock/Bruce Coleman The Natural World ; **p. 17** © NHPA/A.N.T ; **p. 18** © Flip Nicklin/Minden Pictures/FLPA ; **p. 19** ©Flip Nicklin/Minden Pictures/FLPA ; **p. 20** (b) Kurt Amsler/Ardea ; **pp. 20-21** © NHPA/Norbert Wu ; **p. 21** (m) Denize Herzing/Ardea, (b) © Flip Nicklin/Minden Pictures/FLPA ; **p. 22** François Gohier/Ardea ; **p. 23** © NHPA/Gerard Lacz ; **pp. 24-25** © Pacific Stock/Bruce Coleman The Natural World ; **pp. 26-27** © Pacific Stock/Bruce Coleman The Natural World ; **p. 27** (b) © Sea World, Inc./CORBIS ; **p. 28** (b) © Morton Beebe, S.F./CORBIS, (hd) © Kevin Schafer/CORBIS ; **p 29** © Pieter Folkens/Telegraph Colour Library ; **p 30** © Nature Picture Library/Doc White ; **p. 31** © NHPA/David E. Myers ; **pp. 32-33** © Kim Westerkov/Stone ; **p. 33** (hd) © Konrad Wothe/Minden Pictures/FLPA ; **p. 34** (mg) © Sebastian Brennan/Marine Mammal Images ; **pp. 34-35** François Gohier/Ardea ; **p. 35** (hd) © Nature Picture Library/Todd Pusser, (bd) © Brian Chmielecki/Marine Mammal Images ; **p. 36** (b) © Flip Nicklin/Minden Pictures/FLPA, (hd) © FLPA/ F. W. Lane ; **p. 37** (h) © Art Wolfe/Stone ; **p. 38** © Jim Watt/Bruce Coleman The Natural World ; **p. 39** (h) © Kim Westerkov/Stone, (b) © FLPA/Gerard Laoz ; **p. 40** (h) © Brandon D. Cole/CORBIS, (b) D. Parer & E. Parer-Cook/ Ardea ; **p. 41** © Pacific Stock/Bruce Coleman The Natural World ; **p. 42** © Flip Nicklin/Minden Pictures/FLPA ; **p. 43** Nick Gordon/Ardea ; **p. 44** (hg) © Hong Kong Dolphin Watch/Marine Mammal Images, (b) © Pacific Stock/Bruce Coleman The Natural World ; **p. 45** (h) François Gohier/ Ardea, (b) © S. Sinclair/Earthviews/FLPA ; les encadrés « Faits » © Digital Vision

Traitement des images numériques : John Russell et Emma Julings
Responsable maquette : Mary Cartwright
Expert-conseil : le professeur Frances Dipper